R O M A N I A

NOI Media Print

Biserica din Densuş
(judeţul Hunedoara)
– construită în secolul XIII, pe ruinele unei construcţii din
secolul IV. Conţine pietre de construcţie de la Ulpia Traiana
Sarmizegetusa.

The church from Densus
(Hunedoara county)
– built in the 13thc., on the remainders of a 4thc. construction.
Incorporates building rocks from Ulpia Traiana Sarmizegetusa.

Descrierea CIP a Bibliotecii Naţionale a României
CHESNAIS, DIANE
Romania / text: Diane Chesnais; fotografii: Dan Ioan Dinescu,
    Mircea Savu; trad.: Tudor Şoiman
    Bucureşti: Noi Media Print, 2001
    p. 120; 31 cm (Discover Romania)
    ISBN 973 99493-5-5

I. Dinescu, Dan Ioan (foto)
II. Savu, Mircea (foto)
III. Şoiman, Tudor (trad.)

913(498)(084)

ISBN 973–99493–5-–5
© NOI Media Print, 2001

Tiparul: R. A. „MONITORUL OFICIAL"

ROMANIA

Text / *Text*
Diane Chesnais

Fotografii / *Photographs*
Dan Ioan Dinescu
Mircea Savu

NOI Media Print

PREZENTARE GENERALĂ

Romania este situată în sud-estul Europei şi la nordul Balcanilor, având o populaţie de aproape 23.000.000 de locuitori. Limba oficială este romana, singura limbă de origine latină din Europa de Est. Crescuţi în respectul tradiţiilor religioase, românii sunt în majoritate ortodocşi. Minorităţile naţionale mai importante sunt maghiarii şi romii.

Aproximativ de două ori mai redus decât cel al Franţei, teritoriul României (238.400 km²), este traversat de lanţul muntos al Carpaţilor, din care izvorăşte o reţea hidrografică abundentă. Carpaţii au rămas un loc încărcat de mister, în care castelele, fortăreţele şi bisericile pun în valoare frumuseţea peisajelor.

România are o deschidere de 245 km la Marea Neagră. Cei 1075 de km ai cursului inferior al Dunării traversează teritoriul românesc şi constituie frontiera naturală cu Iugoslavia şi cu Bulgaria. Gurile Dunării alcătuiesc la estul ţării o deltă, unică în Europa prin bogăţia florei şi a faunei sale.

Clima României este continental-temperată iar temperatura medie anuală variază uşor în funcţie de regiuni şi de relief şi este de 2°C în Carpaţi şi de 12°C în Câmpia Română.

România are o istorie milenară şi este o republică parlamentară bicamerală. Multipartidismul şi libertatea presei sunt

GENERAL OVERVIEW

Romania is situated in the southeast of Europe, to the north of the Balkan Mountains. It has a population of about 23 million inhabitants. The official language is Romanian, the only language of Latin origin in Eastern Europe. Brought up to respect religious traditions, the majority of Romanians is Orthodox. The more important national minorities are the Hungarians and the Rroma.

Romania's territory, approximately twice smaller than France's (238.400 sq.km) is crossed by the mountain chain of the Carpathians from where a rich hydrographical net springs. The Carpathians are still a place full of mysteries where castles, fortresses and churches emphasize the beauty of the landscapes.

Romania's Black Sea shore is 245 km long. The 1075 km of the lower Danube

două progrese ale noii republici parlamentare care au fost obţinute rapid după căderea comunismului.

Teritoriul României este împărţit din punct de vedere administrativ în 40 de judeţe care sunt conduse de câte un prefect numit de Guvern. Bucureştiul, capitala ţării, cu aproape trei milioane de locuitori, face parte din cele zece oraşe europene cel mai intens populate. Ţara are alte şapte oraşe mari, de aproape 350.000 de locuitori (Constanţa, Iaşi, Timişoara, Cluj, Galaţi, Braşov, Craiova) şi 25 de oraşe mijlocii, de peste 100.000 de locuitori.

Satele României, care grupează 40% din populaţia ţării, au rămas în mare parte autentice şi perpetuează tradiţiile şi obiceiurile strămoşeşti. Mărturii ale artei populare româneşti, numeroase case ţărăneşti au intrat de câţiva ani în circuitul turismului rural european. Diversitatea şi armonia peisajelor, abundenţa monumentelor istorice şi artistice ale ţării, originalitatea folclorului, numeroasele staţiuni litorale, termale şi alpine, atrag un număr tot mai mare de turişti.

Economia României, total centralizată sub regimul comunist, trece încă printr-o dificilă perioadă de tranziţie. Aceasta vizează ieşirea din perioada de recesiune şi dezvoltarea unei economii de piaţă prin încurajarea privatizărilor şi a investiţiilor străine, considerate încă insuficiente.

România, ţară deosebit de izolată sub regimul comunist, continuă politica de deschidere internaţională. Din 1994, este membră a Consiliului Europei. Pe de altă parte, ea a asigurat preşedinţia, pentru anul 2001, a Organizaţiei pentru Securitate în Europa (OSCE). Prima ţară din fostul Pact de la Varşovia care a semnat, în ianuarie 1994, Acordul de parteneriat cu NATO, România doreşte să adere şi la această organizaţie internaţională.

Ospitalitatea românilor şi spiritul lor deschis la limbile şi culturile străine, contribuie de asemenea la integrarea progresivă a României în Europa de astăzi, în curs de construcţie.

cross Romanian territory and form the natural border with Yugoslavia and Bulgaria. The Danube mouth forms, in the eastern part of the country, a delta, unique in Europe by the richness of its flora and fauna.

The climate of Romania is continental-temperate and the average annual temperature varies slightly depending on regions and relief being 2°C in the Carpathians and 12°C in the Romanian Plain.

Romania is a bicameral parliamentary republic. Two of the progresses fast achieved by the new parliamentary republic, after the fall of communism, are the multipartite system and freedom of press.

Romania's territory is administratively divided into forty districts, each led by a prefect named by the Government. Bucharest, the capital city, having close to 3 million inhabitants, is one of the ten most populated European cities. In Romania there are seven other large towns with more than 350,000 inhabitants (Constanţa, Iaşi, Timişoara, Cluj, Galaţi, Braşov, Craiova) and 25 medium sized towns (with more than 100,000 inhabitants).

Romania's villages include 40% of the country's population. Most of them remained genuine and they preserve their forefathers' traditions and customs. Proof of Romanian folk-art, numerous peasants' houses has entered, for several years, the European rural tourism circuit. The diversity and harmony of landscapes, the abundance of historical and artistic monuments of the country, the many seaside resorts, thermal water spas, and mountain holiday resorts attract an ever-increasing number of tourists.

The economy of Romania, completely centralized under the communist regime, is still passing through a difficult transition period. The changes, through encouraged privatisation and foreign investments, which are considered still insufficient, target at overcoming the recession and developing the market economy.

Romania, a very isolated country under the communist regime, continues its

policy of international opening. Since 1994 it has been a member of the European Council. On the other hand, Romania assured the presidency, for the year 2001, of OSCE (Organization for Security and Co-operation in Europe). The first country of the former Warsaw Pact that signed, in January 1994, the NATO Partnership Agreement, Romania wants to become a member of this international organization, too. Romanian people's hospitality and their openness to foreign languages and cultures contribute to the progressive integration of Romania in today's Europe, a Europe that is being built.

SCURTĂ ISTORIE

A SHORT HISTORY

Teritoriul României este locuit din vremuri străvechi. Aici, în neolitic, au înflorit unele dintre cele mai prolifice culturi europene - Cucuteni şi Gumelniţa.

Cunoscuţi de către greci sub numele de geţi iar de romani sub numele de daci, locuitorii din antichitate de pe teritoriul actualei Românii vor fi prima oară menţionaţi de către Herodot.

Enigmatice şi solitare, cetăţile dace care s-au păstrat din acele vremuri au fost construite şi apărate până la sacrificiul suprem de ultimul rege dac, Decebal. Totuşi cele mai vechi cetăţi păstrate, cele de pe malul Mării Negre, au aparţinut coloniştilor greci.

Dacia a fost cucerită de împăratul Traian în urma a două războaie dintre cele mai glorioase ale istoriei romane, în anul 106 e.n. Poporul român s-a format în urma colonizării romane care a urmat şi şi-a păstrat miraculos unitatea inclusiv a

Romania's territory has been inhabited from times long past. It is here where, in the Neolithic, some of the most prolific European cultures, Cucuteni and Gumelnita, flourished. Known by the Greeks under the name of Gets, and by the Romans as Dacians, the ancient inhabitants of the present Romanian territory were first mentioned by Herodotus.

Enigmatic and solitary, the Dacian fortified settlements and strongholds that have been preserved from those times were built and defended with his life by the last Dacian king, Decebalus. However, the oldest fortified towns, the ones on the Black Sea shore, belonged to Greek colonists.

Dacia was conquered by Emperor Trajan after two of the most glorious wars of the Roman history, in 106 AD. The Romanian people was formed following Roman colonization, and,

limbii, vorbită fără dialect, în mijlocul valurilor migratoare. Abia o mie de ani mai târziu apar primele state românești. Urmează o perioadă activă politic și cultural. Construcțiile acelor vremuri - biserici, mănăstiri, cetăți și curți domnești - sunt opera unor domnitori care au încurajat cultura autohtonă și în paralel au luptat pentru menținerea drepturilor politice, economice, sociale și religioase în fața unei presiuni externe crescânde. Locuințele medievale de apărare - fortificații și cetăți țărănești în Transilvania, conace boierești denumite „cule" în Oltenia - sunt dovada istoriei frământate de pe teritoriul țărilor românești. Dacă Valahia și Moldova au supraviețuit dominației otomane, românii din Transilvania au avut de îndurat mai întâi asuprirea maghiară, apoi otomană, iar, de la 1700 până în 1918, ocupația austriacă.

Unitatea națională realizată parțial în 1859 (unirea Valahiei cu Moldova) și definitivată în 1918 (unirea României cu Transilvania și Basarabia) a dus la crearea României Mari.

Modernizarea firească a țării a fost îngreunată de războaiele mondiale care au cerut României sacrificii umane procentual printre cele mai mari din Europa. Monarhiei instaurate în 1866 și regimului parlamentar funcțional le-au luat locul, mai întâi în 1938, o dictatură personală, iar apoi o dictatură „a proletariatului". Regimul comunist a avut, după o perioadă de teroare, o altă perioadă, scurtă, de relativ succes și apoi o alta de tiranie care a fost la un pas de a scoate țara în afara istoriei. După 1990 România încearcă timid regăsirea normalității într-un ritm uneori derutant.

amidst migrating waves, miraculously preserved its unity, including that of its language, spoken without dialectal variations. It is only one thousand years later that the first Romanian states are formed. The following period is politically and culturally active.

The buildings of those times - churches, monasteries, fortified towns and princely courts - were raised by princes who supported local culture and, at the same time, facing increasing external pressures, fought for preserving political, economic, social and religious rights.

The medieval fortified dwellings, strongholds and peasant fortresses in Transylvania, landlords' mansions named cule in Oltenia, are evidence of the restless history on the Romanian provinces territory. Although Wallachia and Moldavia survived the Ottoman domination, the Romanians in Transylvania had to bear the Hungarian oppression first, than endure the Ottoman occupation and, from 1700 to 1918, experience the Austrian occupation.

The national unity partially achieved in 1859 (the union of Wallachia and Moldavia) and completed in 1918 (the union of Romania with Transylvania and Bessarabia) led to the creation of the Great Romania.

The natural modernization of the country was hindered by the world wars that took Romania one of the highest tolls in human lives in Europe, as percent of population. The monarchy, established in 1866, and the functioning parliamentary regime were replaced by a personal dictatorship in 1938, and than by the proletariat dictatorship. After a period of terror, the communist regime experienced a short period of relative success, and then, another period of tyranny that nearly pushed the country outside history. After 1990, Romania takes undecided steps towards regaining normality, in a sometimes baffling rhythm.

Copie a fibulelor ce fac parte din tezaurul vizigot sau ostrogot, de stil policrom germanic, cunoscut sub numele de „**Cloşca cu puii de aur**" (sec. IV-V d.Ch.)

A copy of the fibulae which are part of the Visigothic or Ostrogothic treasure, of Germanic polychrome style, known under the name of ***"The Hen with Golden Chicken"*** *(4th-5th c. A.D.)*

Cetatea Blidaru – detaliu

Blidaru stronghold – detail

Fortificaţia dacică de la Blidaru, jud. Hunedoara
(secolul I î.Ch. - I d.Ch.)

*Dacian fortification at Blidaru, Hunedoara county
(1st c. B.C.- 1st c. A.D.)*

Coif traco-getic de aur (secolul V î.Ch.),
descoperit la Poiana Coţofeneşti,
judeţul Prahova

*Golden Thraco-Getic helmet (5th c. B.C),
discovered at Poiana Cotofenesti, Prahova
county*

11

Ruinele coloniei greceşti Callatis
(actuala Mangalia), întemeiată de dorieni
la sfârşitul secolului VI î.Ch.

Ruins of the Greek colony of Callatis
(nowadays Mangalia), founded by
Dorians at the end of the 6thc. B.C

Enisala –
necropolă geto-dacică
(secolul IV î.Ch.)

Enisala –
Getic - Dacian necropolis
(4thc. B.C.)

Histria – colonie grecească întemeiată la sfârşitul secolului VII î.Ch. de ionienii din Milet. Distrusă de marile invazii avaro-slave în secolul VII d.Ch.

Histria – Greek colony founded at the end of the 7thc. B.C. by the Ionians of Millet. Destroyed by the great invasions of Avars and Slavs from the 7thc. A.D.

Tropaeum Traiani
– monumentul triumfal înălţat
de împăratul roman Traian
în 108-109 d.Ch., comemorând
înfrângerea dacilor (azi, în
comuna Adamclisi, judeţul
Constanţa)

Tropaeum Traiani
– triumphal monument raised
by the Roman emperor Trajan
in 108-109 A.D. as a memento
to the Dacian defeat
(nowadays, in Adamclisi village,
Constanta county)

Reproducere a soclului columnei lui Traian, ridicată la Roma la începutul secolului II d.Ch. Înfăţişează scene din războiul daco-roman.

Copy of the Trajan's column pedestal, raised in Rome at the beginning of the 2nd c. A.D. Presents scenes from the Dacian-Roman war.

Ulpia Traiana Sarmizegetusa – vestigii ale amfiteatrului din capitala Daciei cucerite de romani (azi, în judeţul Hunedoara)

Ulpia Traiana Sarmizegetusa – vestiges of the amphitheatre from the capital of Roman conquered Dacia (nowadays in Hunedoara county)

Cetatea ţărănească de la Râşnov (judeţul Braşov), construită între secolele XIV-XVII

The peasant stronghold in Rasnov (Brasov county), built between the 14th-17thc.

Biserica din Densuş (judeţul Hunedoara) – construită în secolul XIII, pe ruinele unei construcţii din secolul IV. Conţine pietre de construcţie de la Ulpia Traiana Sarmizegetusa.

The church from Densus (Hunedoara county) – built in the 13thc., on the remainders of a 4thc. construction. Incorporates building rocks from Ulpia Traiana Sarmizegetusa.

Cetatea Făgăraş (judeţul Braşov), construită între secolele XIV-XVII. În secolul XVIII a fost împrejmuită cu ziduri de apărare în sistem Vauban.

Fagaras stronghold (Brasov county), built between the 14th-17thc. In the 18tthc. it was given surrounding defence walls in Vauban system.

17

Biserica Evanghelică fortificată din **Biertan** (judeţul Sibiu), construită între 1492-1516. Vedere din interior.

Fortified Evangelical church in Biertan (Sibiu county), built between 1492 and 1516. Interior view.

Turnul Chindiei din **Târgovişte** (judeţul Dâmboviţa) – secolul XV

Chindia Tower in Targoviste (Dambovita county) – 15thc.

Ruinele Curţii Domneşti din **Târgovişte** (secolele XIV-XVII) şi biserica domnească (secolul XVI). Vedere din Turnul Chindiei.

Remainders of the Princely Court in Targoviste (14th-17thc.) and the princely church (16thc.). View from Chindia Tower.

Suceava – ruinele Cetăţii de Scaun a Moldovei
(secolele XIV-XVII)

Suceava – *remainders of the Princely Court of Moldavia*
(14th-17thc.)

Cetatea Suceava
– detaliu

Suceava stronghold
– detail

Cetatea Neamţ - secolul XIV

Neamt stronghold – 14thc.

Palatul brâncovenesc de la Mogoşoaia, construit în stil renascentist ca reşedinţă princiară (1702). Detaliu din loggia dinspre lac.

The brancovan palace in Mogosoaia, built in Renaissance style as a princely court (1702). Detail from the lakeside loggia.

Mănăstirea Stavropoleos din Bucureşti – clădită la1724. Pridvor (detaliu).

Stavropoleos monastery in Bucharest – *built in 1724. Porch (detail).*

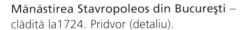

Palatul Mogoşoaia – pivniţele

Mogosoaia Palace – the cellar

Ruinele Curţii Domneşti din Bucureşti – Curtea Veche (secolele XV-XVI)

Remainders of the Princely Court in Bucharest *– Curtea Veche (15th-16thc.)*

23

Castelul Corvinilor – vedere dinspre podul de acces

Corvin Castle – view from the access bridge

Castelul Corvinilor din Hunedoara

– cel mai important monument de arhitectură gotică laică din Transilvania (secolul XV). Curtea interioară.

Corvin Castle in Hunedoara
– the most important laic Gothic architecture monument in Transylvania (15thc.). Interior courtyard.

Cluj – casa în care s-a născut principele Matei Corvin (secolul XV)

Cluj – the house in which prince Matei Corvin was born (15thc.)

Castelul Bran

Bran Castle

Castelul Bran.
Vedere generală dinspre vest.

Bran Castle
General view from the West.

Castelul Bran (judeţul Braşov)
– ansamblu fortificat construit
în anii 1377-1378. Vedere a
curţii interioare.

Bran Castle (Brasov county) –
fortified ensemble built in
1377-1378. View of the
interior courtyard.

Castelul Bran
Vedere a curţii interioare.

Bran Castle
View of the interior courtyard.

27

Biserica fortificată „Sf. Margareta"
(Mediaş, judeţul Sibiu). Fostă mănăstire
franciscană construită în secolele XIV - XV, iniţial
în stil gotic, apoi transformată în stil baroc.

"St Margaret" fortified church
(Medias, Sibiu county). Former Franciscan
monastery built in 14th - 15thc., initially in
Gothic style, then transformed in Baroque style.

Alba Iulia – poarta de sus, în stil baroc, a cetăţii (secolul XVIII)

Alba Iulia – the upper gate of the city, built in Baroque style (18thc.)

Sibiu – piaţa centrală şi clădirea palatului Brukenthal (secolul XVIII)

Sibiu – central square and Brukenthal palace (18thc.)

Oradea – biblioteca
(fosta episcopie greco-
catolică)

*Oradea – the library
(the former Greek-Catholic
bishopric)*

Alba Iulia –
Sala Unirii

*Alba Iulia –
The Union Hall*

Castelul Peleş de la
Sinaia, fostă reşedinţă a
regilor României

Peles Castle in Sinaia,
former residence of the
Romanian kings

BISERICI ŞI MĂNĂSTIRI

CHURCHES AND MONASTERIES

Edificiile religioase constituie partea esenţială a patrimoniului istoric şi cultural al României. Construite într-un stil arhitectural care îmbină influenţa bizantină cu cea occidentală, ele exprimă originalitatea artei autohtone: biserici cu fresce murale exterioare şi interioare în Moldova şi Bucovina, biserici de lemn cu o turlă înaltă şi ascuţită în Maramureş, biserici fortificate în Transilvania, biserici de „stil brâncovenesc" în Valahia.
Bisericile şi mănăstirile din România sunt expresia unei vieţi religioase active. Mănăstiri ca Agapia, Văratec, Putna şi Suceava pot primi vizitatori în trecere. Loc de reculegere al călugărilor şi călugăriţelor ortodoxe, ele au păstrat frumuseţea cadrului natural în care arhitectura lor se înscrie perfect. Bisericile sunt în general de rit ortodox, dar sunt şi multe de rit catolic sau protestant, în special în Transilvania.

Religious edifices are the essential part of Romania's historical and religious heritage. Built in an architectural style combining Byzantine and Western influences, they express the originality of the local art; churches with exterior and interior frescoes in Moldavia and Bukovina, wooden churches with high, pointed spires in Maramures, fortified churches in Transylvania, "Brancovenesc style" churches in Wallachia.
Churches and monasteries in Romania are the expression of an active religious life. Monasteries such as Agapia, Varatec, Putna, and Suceava can accommodate passing visitors.
A place of prayer and seclusion for orthodox monks and nuns, they have kept the natural beauty of the place that their architecture joins perfectly. Generally, the churches are orthodox, however, many of them are of catholic

Mănăstirea Suceviţa – detaliu frescă
Sucevita monastery – fresco detail

Oraşele mari deţin cel puţin câte o sinagogă iar în localităţile din Dobrogea sunt foarte frecvente geamiile şi moscheile.

În Moldova şi Bucovina se găsesc 60 de mănăstiri. Reprezentative prin arhitectura lor originală şi frescele lor policrome, o serie dintre ele (Voroneţ, Humor, Suceviţa, Moldoviţa, Arbore) sunt înscrise de UNESCO pe lista „patrimoniului umanităţii".

Cele mai multe dintre ele au fost construite în secolele XV-XVI, sub domnia voievodului Ştefan cel Mare, după fiecare victorie câştigată. Aceste mănăstiri îmbină influenţa bizantină cu cea a Renaşterii italiene. Construite în cea mai mare parte după un plan în formă de treflă, ele au inaugurat un sistem arhitectural original, cunoscut sub numele de „arcadă moldovenească". Este vorba de un naos cu o cupolă deasupra, susţinută de arcade semicirculare, care măresc impresia de înălţime în interiorul bisericii.

Frescele, în special cele exterioare, se fac remarcate prin măreţia compoziţiei, unitatea lor de stil şi uneori prin inspiraţia lor laică. Culorile frescelor, păstrate în general într-o stare relativ bună, uimesc prin varietatea şi originalitatea nuanţelor, „albastrul de Voroneţ" fiind cel mai cunoscut.

and protestant rite, especially in Transylvania. Large towns have one synagogue at least, and in localities in Dobrudja, you can frequently find mosques.

Sixty monasteries exist in Moldavia and Bukovina. UNESCO has put some of these monasteries, representative by their original architecture and polychrome frescoes (Voronet, Humor, Sucevita, Moldovita, Arbore), on the world heritage list.

Most of the monasteries were built in the 15th and 16th centuries, under the rule of voivode Stephen the Great, who erected them after each battle he won. These monasteries combine the Byzantine influence with that of the Italian Renaissance. Mostly built following a trefoil pattern, they were the starting point of an original architecture system, known as the Moldavian arch. It is a nave covered by a dome supported by semicircular arches enhancing the impression of height inside the church. The frescoes, especially those on the exterior walls, stand out through the greatness of composition, their unity of style and laic inspiration. The colours of the frescoes, generally well preserved, surprise by their variety and originality, "the Voronet blue" being the best known of them.

Mănăstirea Dobrovăţ
(judeţul Iaşi), ctitorie a domnitorului
Ştefan cel Mare (1503-1504).
Vedere dinspre sud-vest.

Dobrovat monastery
(Iasi county), founded by the ruler
Stephen the Great (1503-1504).
View from the South-West.

Biserica mănăstirii Humor
(judeţul Suceava).
Faţada sudică - pictură
murală („Glorificarea
Mariei", 1535).

Church of Humor monastery (Suceava county). Southern façade – mural painting ("Glorification of Mary", 1535).

Biserica mănăstirii **Voroneţ**, ctitorie a lui Ştefan cel Mare (1488). Vedere dinspre sud-est.

Church of Voronet monastery, founded by Stephen the Great (1488). View from the South-East.

Biserica mănăstirii **Putna** (1466-1469), refăcută între 1654 - 1662. Vedere dinspre nord-vest.

Church of Putna monastery (1466-1469), rebuilt between 1654 -1662. View from the North-West.

Voroneţ – detaliu perete sudic

Voronet – detail of the Southern wall

Mănăstirea fortificată Putna (1466-1469) din judeţul
Suceava – ctitorie şi necropolă a lui Ştefan cel Mare

*Putna fortified monastery (1466-1469) in Suceava county
– foundation and necropolis of Stephen the Great*

Biserica mănăstirii Suceviţa (judeţul Suceava). Detaliu pictură murală exterioară.

Church of Sucevita monastery (Suceava county). Detail of external mural painting.

Biserica mănăstirii **Suceviţa** (judeţul Suceava), ctitorie din anii 1581-1601. Vedere dinspre nord.

Church of Sucevita monastery (Suceava county), founded in the years 1581-1601. View from the North.

Biserica **„Trei Ierarhi"** din Iaşi, ctitorie a domnitorului Vasile Lupu (1639). Vedere dinspre sud-vest.

"Three Hierarchs" church in Iasi, founded by the ruler Vasile Lupu (1639). View from the South-West.

Mănăstirea Tismana (judeţul Gorj), întemeiată în secolul XIV. Vedere generală.

Tismana monastery (Gorj county), founded in the 14thc. General view.

Cozia – biserica bolniţei văzută dinspre sud

Cozia – the church of the infirmary seen from the South

Mănăstirea Cozia (judeţul Vâlcea), ctitorie a domnitorului Mircea cel Bătrân (secolul XIV). Vedere generală dinspre est.

Cozia monastery (Valcea county), foundation of the ruler Mircea the Old (14thc.). General view from the East.

Uşile Împărăteşti cu **Bunavestire** – Biserica Stavropoleos (Bucureşti)

The great gate of the altar entrance with the Announciation - Stavropoleos church (Bucharest).

Mănăstrirea Hurez (judeţul Vâlcea) – tablou votiv din pronaosul bisericii mari reprezentând familia domnitoare Brâncoveanu

Hurez monastery (Valcea county) – votive painting from narthex of bigger church representing the Brancoveanu ruling family

39

Curtea de Argeş – biserica episcopală (1512-1517) văzută dinspre sud-vest

Curtea de Arges – the bishopric church (1512-1517) seen from the South-West

Biserica mănăstirii Dealu de lângă Târgovişte (1500-1501). Vedere dinspre nord.

Church of Dealu monastery near Targoviste (1500-1501). View from the North.

Ieud (judeţul Maramureş) – biserica de lemn „din deal", construită în secolul XVIII pe locul alteia din secolul XIV

Ieud (Maramures county) – the wooden "uphill" church, built in the 18thc. on the site of another one from the 14thc.

Biserica de lemn din Josani, judeţul Maramureş – 1643

The wooden church in Josani, Maramures county – 1643

Calvaria - biserică romano-catolică din cartierul clujean Mănăştur. Fostă mănăstire benedictină (1222), refăcută gotic în secolul XV; nava este reconstruită în secolul XIX.

Calvaria – Roman-Catholic church from Manastur district in Cluj. Former Benedictine church (1222), rebuilt in Gothic style in the 15th c.; the nave was rebuilt in the 19th c.

Biserica Evanghelică fortificată din Saschiz (judeţul Mureş), construită în anii 1493-1496

The fortified Evangelical church in Saschiz (Mures county), built in the years 1493-1496

Cetatea ţărănească Hărman (secolele XV-XVI). Turnul-clopotniţă este din secolul XIII.

Peasant stronghold in Harman (15th-16th c.). The tower-belfry was built in the 13th c. 43

TRADIŢII

TRADITIONS

Arta, arhitectura şi tradiţiile populare româneşti se disting în Europa prin marea lor originalitate şi permanenţa lor de-a lungul secolelor. Diversitatea obiceiurilor şi tradiţiilor pune în evidenţă specificul etnografiei regionale: jocuri cu măşti în Moldova, artizanat şi dansuri populare în Oltenia, costumele de sărbătoare în Transilvania, arta şi cultura prelucrării lemnului în Maramureş, civilizaţie pastorală în munţii Apuseni. O sensibilitate artistică şi umană comună asigură unitatea acestor diverse manifestări artistice.

Popor călduros, cu adevărat latin, românii dau cu uşurinţă frâu liber vioiciunii şi imaginaţiei lor naturale cu ocazia sărbătorilor populare. Versurile cântecelor populare, adeseori improvizate, confirmă calităţile creatoare înnăscute ale românului. Atât în crearea cât şi în decorarea ţinutei sale vestimentare, a locuinţei şi a obiectelor

Romanian art, architecture and folk traditions are outstanding in Europe by their great originality and duration through centuries. The various customs and traditions emphasize the regional ethnographic specificities: mask games in Moldavia, handicrafts and folk dances in Oltenia, costumes worn on celebration days in Transylvania, woodworking art and culture in Maramures, pastoral civilization in the Apuseni Mountains. Their common artistic and human sensitiveness ensure the unity of these various artistic expressions.

A warm people, truly Latin, the Romanians eagerly give full expression to their natural liveliness and imagination, on the occasion of folk celebrations. The verse of folk songs, ever so often improvised, confirms the innate creative qualities of the Romanian. Both in creating and

din viaţa domestică, românul dovedeşte, prin alegerea formelor şi culorilor, un înalt simţ estetic. Unul dintre cele mai frumoase exemple este costumul tradiţional, purtat cu mândrie în marile ocazii şi confecţionat în mod artizanal. Un altul ar fi ouăle pictate de Paşte. Fie că este vorba de sărbători religioase sau de evenimente importante din viaţă, românii exprimă puternic pioşenia lor. Credinţa în viaţa de dincolo şi legăturile strânse cu natura, îl fac pe ţăranul român să privească moartea cu seninătate.

Practicarea religiei depăşeşte spaţiul bisericii pentru a se integra în viaţa de toate zilele. Acest mod de viaţă ancestral exprimă un comportament sociabil şi plin de ospitalitate, profund înrădăcinat în sufletul românesc.

Locuinţa ţărănească tradiţională românească se încadrează perfect civilizaţiei carpatice a lemnului, folosit ca principal material de construcţie şi de

adorning his clothes, home and tools the Romanian shows, by his choice of forms and colours, a highly aesthetic sense. One of the most beautiful examples is the traditional hand made costume, worn with pride on important celebration days. Another one would be the painted Easter egg.

Be it religious celebrations or important events in the life of people, Romanians strongly express their devotion. His belief in the afterlife and tight links with nature make the Romanian peasant face death with serenity.

Practicing of religion goes beyond church and integrates in the day-to-day life.

The ancestral way of life denotes a sociable, hospitable behaviour, deeply rooted in the Romanian soul.

The traditional Romanian peasant house perfectly integrates with the Carpathians civilization of wood, wood that is used as main building and decoration material. The traditional Romanian architecture, represented by open verandas facing the yard, tall wooden gates, and interiors richly decorated with embroideries and fabrics, is proof of the hospitable attitude of Romanians.

A powerful symbol of Romanian traditional architecture, the tall gates, specific to Maramures, artfully sculptured in wood, resembling a triumph arch showing Romanian peasant's social pride, is one of the most original expressions of Romanian folk art.

Biserica Elefterie din Bucureşti.
Obiceiuri de Paşte.

Elefterie church in Bucharest.
Easter traditions.

Biserica din comuna Arbore (judeţul Suceava), construită în 1503. Vedere interioară.

The church from Arbore village (Suceava county), built in 1503. Interior view.

decoraţie. Pe de altă parte, arhitectura tradiţională românească însăşi, reprezentată de pridvoare deschise spre curţi, porţi înalte din lemn, interioare bogat decorate cu broderii şi ţesături, dovedeşte atitudinea primitoare a românilor. Simbol puternic al arhitecturii tradiţionale româneşti, poarta înaltă, specifică Maramureşului, sculptată cu măiestrie în lemn, asemenea unui arc de triumf, prin care ţăranul român îşi arată mândria socială, reprezintă una dintre expresiile cele mai originale ale artei populare româneşti.

Cruci pe trunchi de arbore
– Ceplea (judeţul Gorj)

Crosses on a tree's trunk –
Ceplea (Gorj county)

Cruci din „Cimitirul vesel" de la Săpânţa, judeţul Maramureş

Crosses in "Cimitirul vesel" at Sapanta, Maramures county

Femeie la prăşit lângă Lacul Bicaz
(Giuleşti, judeţul Neamţ)

Hoeing near Bicaz Lake
(Giulesti, Neamt county)

Mănăstirea Caşin (Bucureşti). Slujba de înviere.

Casin monastery (Bucharest). Resurrection religious service.

Arhitectură rurală
(Ciocăneşti, judeţul
Suceava)

*Rural architecture
(Ciocanesti, Suceava
county)*

Culă de lemn din Curtişoara
(Muzeul Etnografic Gorj)

*Medieval wooden fortified house
of a nobleman in Curtisoara*
(Gorj Ethnographic Museum)

Poartă de lemn sculptat.
Muzeul satului maramureşean (Sighetu Marmaţiei).

Sculpted wooden gate.
Maramures Village Museum (Sighetu Marmatiei).

Case din Transilvania
(Vurpăr, judeţul Sibiu)

Houses in Transylvania
(Vurpar, Sibiu county)

Meşter olar din Horezu
(judeţul Vâlcea)

*Pottery artisan in
Horezu*
(Valcea county)

Interior de casă ţărănească.
Muzeul satului maramureşean –
Sighetu Marmaţiei.

*Interior view of a peasant
household.*
*Maramures Village Museum –
Sighetu Marmatiei.*

Obiceiuri de Crăciun – Viflaim
(Ieud, judeţul Maramureş)

Christmas customs – Viflaim
(Ieud, Maramures county)

**Mănăstirea Hurez –
măicuţă citind în pridvor**

*Hurez monastery –
nun reading on the porch*

Ţărancă din Ieud în costum
tradiţional

*Woman peasant from Ieud, dressed
in traditional garment*

Cioban din Dâmboviţa

Shepard from Dambovita county

Fântână cu cumpănă –
judeţul Argeş

Fountain with a sweep –
Arges county

Troiţă la fântână –
judeţul Vâlcea

Triptych by the well –
Valcea county

Peisaj de toamnă în z
Rucăr-Bran
(judeţul Braşov)

Autumnal landscape
the Rucar-Bran area
(Brasov county)

Moară de apă de pe Valea Bârnii,
judeţul Alba (munţii Apuseni)

Water mill on Valea Barnii,
Alba county (Apuseni mountains)

Ţăran la strânsul fânului lângă
Rupea, judeţul Braşov

Peasant gathering hay in
Rupea, Brasov county

CARPAȚII

THE CARPATHIANS

Carpații sunt unul dintre simbolurile cele mai evocatoare ale României, ocupându-i o treime din suprafață. Lanțul Carpaților are o lungime de 1000 de km și poate fi asemănat cu un vast amfiteatru care cuprinde în centru podișul Transilvaniei. Geografia și istoria Carpaților se confundă cu acelea ale României atât de puternic încât miturile poporului român au drept cadru universul pastoral al pajiștilor carpatice. Activitățile turistice dezvoltate în Carpați, în special schiul, drumeția, alpinismul și băile termale, permit descoperirea frumuseților peisajelor de munte pe care civilizația contemporană nu le-a deformat. Diversitatea peisajelor carpatice este legată de varietatea structurilor geologice. Coame domoale alternează cu pereții calcaroși și cu structurile bazaltice. Mii de lacuri glaciare, avenuri și peșteri, unele unice, își găsesc locul în

The Carpathians are one of the most evoking symbols of Romania covering about one third of its area. The Carpathians chain is 1000 km long and resembles a vast amphitheatre with the Transylvanian plateau at its centre. The geography and the history of the Carpathians merge so profoundly with those of Romania that the universal frame of Romanian people's myths is the pastoral universe of the Carpathians pastures. The tourist activities practiced in the Carpathians, especially skiing, hiking, mountain climbing, and bathing in thermal waters, let you discover the beauties of mountain landscapes that present-day civilization has not distorted. The diversity of the Carpathians landscapes is related to the variety of geological structures. Gentle slopes alternate with limestone cliffs and basalt structures. Thousands of glacial lakes and circuses, caves, some of them

special în Carpaţii Occidentali şi Meridionali. Aspectul ciudat al rocilor a favorizat apariţia miturilor şi legendelor populare transmise din cele mai vechi timpuri sub formă de povestiri sau cântece.

Simbolul florei carpatice este reprezentat de floarea de colţ care creşte în pajiştile alpine. Speciile vegetale rare sunt ocrotite în cadrul a 13 parcuri naţionale.

Animalele cel mai des întâlnite sunt cerbul, căprioara, ursul, vulpea, porcul mistreţ, iepurele şi cocoşul de munte. Zimbrul, odinioară extrem de răspândit, face parte din speciile animale ocrotite în rezervaţii naturale. Parcurile de vânătoare permit practica acestui sport în special în munţii Călimani, în ţara Vrancei, la sudul munţilor Bicaz, în munţii Retezat şi în zona defileului Mureşului.

Carpaţii au jucat un rol de apărare în istoria veche a României. Regii daci şi apoi voievozii români au construit cetăţi, castele şi mănăstiri, ale căror vestigii sunt încă vizibile. Mai multe castele de apărare construite între secolele XIV şi XVI pe culmile munţilor sau în mijlocul întinselor păduri de foioase şi conifere impresionează şi astăzi prin soliditatea construcţiilor.

Turismul a început să se dezvolte în staţiunile balneare şi termale din a doua jumătate a secolului XIX şi rămâne şi astăzi unul din principalele potenţiale ale Carpaţilor. Clima muntoasă permite practicarea turismului tot timpul anului: luna august este cea mai sigură pentru drumeţie iar stratul de zăpadă este suficient de gros pentru a practica sporturile de iarnă cinci sau şase luni pe an.

O nouă formă de turism, turismul rural, s-a dezvoltat recent cu succes în satele de munte care au ştiut să păstreze, de-a lungul secolelor, locuinţa tradiţională, obiceiurile şi tradiţiile strămoşeşti.

unique, find their places, mostly in the Western and Southern Carpathians. The strange aspect of the rocks favoured the appearance of folk legends and myths that have been transmitted, from very old times, in the form of tales and songs.

The symbol of the Carpathians vegetation is the edelweiss, which grows in the alpine pastureland. Rare vegetation species are protected in 13 national parks.

The most commonly encountered animals here are the stag, the deer, the fox, the boar, the hare, and the mountain cock. The aurochs (a kind of European buffalo), widespread once, is one of the species protected in natural reservations. Hunting is allowed in special parks, especially in the Calimani Mountains, in Tara Vrancei, south of the Bicaz Mountains, in the Retezat, and in the area of the Mures River canyons.

The Carpathians played a defensive role in the ancient history of Romania. Dacian kings and, later, Romanian princes built fortresses, castles and monasteries whose vestiges can still be seen. Many defensive castles solidly built between the 14th and 16th centuries on top of mountains or amidst large coniferous and deciduous forests are still

Imagine din munţii Bucegi

View from Bucegi mountains

impressive today.
Tourism started developing in thermal
spas and health resorts in the second
half of the 19th century and still is one
of the main potentialities of the
Carpathians. Mountain climate provides
opportunity for yearlong tourism:
August is the surest for journeys and the
snow layer is thick enough for skiing 5-6
months a year.
A new form of tourism, the rural one,
successfully developed lately in
mountain villages that have preserved,
through the centuries, the traditional
house and the forefathers' customs and
traditions.

Peisaj montan

Mountain landscape

unţii Bucegi

cegi mountains

Vale din culoarul Rucăr-Bran

Valley in the Rucar-Bran passage

Pădure de fagi din munţii
Ciucului, judeţul Harghita

*Beech wood in Ciucului
mountains, Harghita county*

Obârşia râului Ialomiţa –
munţii Bucegi

The source of Ialomita river –
Bucegi mountains

Colibă acoperită cu paie din munții Apuseni

Thatched roof cottage in Apuseni mountains

Zona Șirnea din munții Bucegi (județul Brașov)

Sirnea area in Bucegi mountains (Brasov county)

Cheile Poiana Aiudului (munții Apuseni)

Poiana Aiudului gorges (Apuseni mountains)

Peisaj de iarnă în regiunea Rucăr-Bran

Winter landscape in Rucar-Bran area

Iarna la Ieud, judeţul Maramureş
(munţii Apuseni)

Winter at Ieud, Maramures county
(Apuseni mountains)

Sat lângă râu
(Ieud, judeţul Maramureş)

Riverside village
(Ieud, Maramures county)

Cascadă subterană în Peştera Ialomiţei

Underground waterfall in Ialomita cave

Peştera Scărişoara,
judeţul Alba (munţii Apuseni)

Scarisoara cave,
Alba county (Apuseni mountains)

Staţiunea Băile Herculane (judeţul Caraş-Severin) din Carpaţii Meridionali

Baile Herculane spa (Caras-Severin county) from Southern Carpathians

La schi (munţii Bucegi)

Skiing (Bucegi mountains)

Hotelul Cioplea din Predeal (judeţul Braşov)

Cioplea hotel in Predeal (Brasov county)

BUCUREȘTI

BUCHAREST

Cu o populație de trei milioane de locuitori și o suprafață de 300 Kmp, orașul București se înscrie printre cele mai populate și mai întinse capitale ale Europei. Dezvoltarea sa demografică și extinderea geografică s-au produs în mod accelerat după cel de-al doilea război mondial când țara, dominant agricolă, a fost angajată de dictatura comunistă într-un proces de industrializare forțată.

Orașul București are o istorie străveche, teritoriul său fiind locuit încă din epoca bronzului. Totuși, prima atestare scrisă a existenței orașului datează abia din 1459, din timpul domniei voievodului Vlad Țepeș.

Așezarea geografică a orașului, care nu a fost niciodată înzestrat, în evul mediu, cu fortificații de piatră, dezvoltându-se pe terenul plat și mlăștinos al câmpiei Bărăganului, a favorizat invaziile, în special din partea turcilor.

Having a population of three million people, spread over an area of 300 square kilometers, the city of Bucharest is one of the largest and most populated European capitals.

The demographic development and geographic extension of Bucharest were accelerated after the Second World War, when Romania, having a predominantly agricultural economy, was led by the communist dictatorship on the way of forced industrialization.

Bucharest has an ancient history, its territory having been inhabited even since the Bronze Age. However, the first written attestation of the existence of the city dates back only to 1459, from the time of Vlad the Impaler rule.

The geographic position of the city that had never been provided with stone fortifications during the medieval age, developing on the flat wetland of the Baragan Plain, favoured invasions,

Începând cu prima jumătate a secolului XVI, după înălțarea curții voievodale și a bisericii episcopale de către voievodul Mircea Ciobanul, orașul București a devenit capitala Valahiei. Din acea epocă și până la Războiul de Independență din 1877, orașul și-a desfășurat istoria sub semnul dominației otomane. Strădutele înguste care s-au păstrat în unele cartiere vechi sunt o mărturie a acestei influențe orientale.

Devenit în 1862, în urma unirii principatelor Moldova și Țara Românească, capitala României, Bucureștiul va cunoaște luxul francez și o animație urbană deosebită. În jurul palatului regal, situat în centrul orașului, apar, după o serie de edificii construite de arhitecți francezi, primele clădiri specific românești, construite de arhitecți autohtoni în stilul „neo-românesc". Noile curente își vor găsi și ele locul în peisajul urbanistic al orașului.

Uimitor prin numărul impresionant de biserici și mănăstiri, Bucureștiul a fost devreme receptiv la cultura occidentală, fiind, prin nivelul de civilizație al locuitorilor săi, mai degrabă decât prin aspectul său urban, mai apropiat de Occident.

Calitatea esențială a orașului este abundența vegetației care acoperă, sub

especially those of the Turks.

Beginning with the first half of the 16th century, after the prince's (voivode's) court and the episcopal cathedral had been raised by voivode Mircea the Shepherd, Bucharest became the capital of Wallachia. From those times to the Independence War in 1877, the city 's history lay under the sign of Ottoman domination. The narrow streets still existing in old districts of Bucharest are proof of that oriental influence.

Becoming the capital of Romania in 1862, after the union of Moldavia and Wallachia Principalities, Bucharest was to enjoy the French luxury and a special urban animation. Around the royal palace, in the center of the city, after a series of edifices built by French architects, the first specific Romanian buildings appear, built by local architects in the neo-Romanian style. New currents will find their places in the city's urban landscape.

Amazing by its impressive number of churches and monasteries, Bucharest was early receptive to western culture, being, by the level of its inhabitants' civilization more than by its urban aspect, closer to the West.

The city's essential quality is the

Hotel Sofitel

Sofitel Hotel

Bucharest Financial Plazza

Bucharest Financial Plazza

Statuia lui Mihai Viteazul.
În plan secund, clădirea Universităţii.

Michael the Brave statue.
In the background, the University building.

Biserica Domniţa Bălaşa (1895)

Domnita Balasa church (1895)

Muzeul Cecilia şi Frederik Stork (1913)

The Cecilia and Frederik Stork Museum (1913)

Muzeul Stork – interior

The Stork Museum – *interior view*

Palatul Cantacuzino (1900). Vedere interioară.

Cantacuzino Palace (1900). Interior view.

83

Vedere din Grădina
Botanică

*View from the Botanical
Gardens*

Biserica Stavropoleos –
curtea interioară

*Stavropoleos church –
inner courtyard*

Parcul Cişmigiu

Cismigiu Park

Parcul Herăstrău

Herastrau Park

85

PEISAJE CITADINE

CITYSCAPES

În România există 33 de oraşe cu mai mult de 100.000 de locuitori. Cluj, Braşov, Timişoara, Iaşi, Craiova, Galaţi, Târgu Mureş, Sibiu, Oradea, Constanţa sunt, din punct de vedere demografic, economic şi cultural, marile centre ale României. Vechimea şi poziţia geografică au favorizat dezvoltarea lor excepţională. Aşezări locuite încă din antichitate, ele au dezvoltat schimburi comerciale în Evul Mediu şi au devenit cetăţi bine constituite începând cu secolele XIII-XIV.

Şase dintre ele au fost capitalele regiunilor istorice: Iaşi în Moldova, Cluj în Transilvania, Timişoara în Banat, la vestul Transilvaniei, Craiova în Oltenia şi Oradea în Crişana, Constanţa pentru Dobrogea.

Aşezarea geografică a Braşovului lângă culoarul Rucăr-Bran, care traversează Carpaţii meridionali, a influenţat dezvoltarea sa comercială. Proximitatea Dunării a contribuit la înflorirea

There are 33 towns with more than 100,000 inhabitants in Romania. The towns of Cluj, Braşov, Timişoara, Iaşi, Craiova, Galaţi, Târgu Mureş, Sibiu, Oradea, and Constanţa are the largest demographic, economic and cultural centres of Romania.

The cities' oldness and geographical location favoured their exceptional development. Settlings that have been inhabited since antiquity, they developed trade links during the Middle Ages and became well-established fortified towns in the 13th and 14th centuries.

Six of these towns were the capitals of the historical regions. Iaşi was the capital of Moldavia, Cluj that of Transylvania, Timişoara of Banat, in western Transylvania, Craiova of Oltenia, Oradea of Crişana, and Constanţa of Dobrudgea.

The geographical position of Brasov, near the Rucar - Bran pass, that crosses

comercială a Craiovei. Cluj şi Iaşi, situate la răscrucea marilor drumuri comerciale, au pus bazele unei economii solide şi a unei tradiţii culturale deosebite, fiind vechi centre universitare. Timişoara şi Oradea s-au folosit de poziţia lor privilegiată, la extremul vest al Transilvaniei, pentru a întreţine schimburi cu ţările din Balcani şi din Europa centrală. Galaţi e cel mai important port dunărean iar Constanţa a speculat din plin poziţia dobândită de cel mai mare port de la Marea Neagră. Începând cu secolul XV toate aceste oraşe au fost confruntate, la intensitate diferită, cu ocupaţia otomană. Timişoara a fost capitală de paşalâc turcesc, Craiova şi Iaşi au izbutit să păstreze o relativă autonomie, iar Braşov şi Cluj au cunoscut mai puţin invaziile turcilor. Oraşele din Transilvania au în plus în comun apartenenţa timp de două secole la imperiul Austriei şi diversitatea etnică sporită cu minorităţile ungară şi germană.

Din lunga lor istorie, ele au păstrat edificii interesante şi muzee pline de obiecte de valoare. Braşov, Sibiu, Sighişoara şi Mediaş sunt cetăţi medievale prin excelenţă, Timişoara şi Târgu Mureş sunt oraşe baroce, Iaşi este oraşul bisericilor, Craiova acela al negustorilor bogaţi din secolele XVIII-XIX, care au construit clădiri impozante. Valoarea acestor oraşe este sporită de cadrul natural al împrejurimilor lor.

the Southern Carpathians, influenced its economical development.

The proximity of the Danube River contributed to the trade flourishing of the town of Craiova. Cluj and Iasi, situated at the crossroad of important commercial routes, set up a solid economy and a special cultural tradition, the towns being old university centres. Timişoara and Oradea took advantage of their privileged position in the extreme west of Transylvania to carry on exchanges with the countries in the Balkans and Central Europe. Galatzi is the most important port on the Danube, and Constanta fully benefited by its position as the largest port at the Black Sea.

Beginning with the 15th century, all these towns had to face, in various degrees, the Ottoman occupation. Timisoara was the capital of a Turkish pashalik, Craiova and Iasi succeeded in retaining certain autonomy, and Brasov and Cluj met less with Turks' invasions. The towns in Transylvania have in common their belonging, for two centuries, to the Austrian Empire and hence, their ethnic diversity enriched with the Hungarian and German ethnic minorities.

From their long history they preserved interestingly built edifices and museums full of priceless objects. Braşov, Sibiu, Sighişoara and Mediaş are medieval fortified towns par excellence, Timisoara and Târgu Mureş are baroque towns, Iasi is the city of churches, Craiova that of rich merchants of the 18th and 19th centuries, who raised imposing buildings. The beauty of their natural surroundings enhances the value of these towns.

Cluj - clădirea Operei (detaliu)

Cluj – Opera house building (detail)

Cluj - clădirea şi turnul cu ceas al Primăriei

Cluj – City Hall building and clock-tower

Cluj - Palatul Bánffy, construit în perioada 1773-1785

Cluj – Bánffy palace, built between 1773-1785

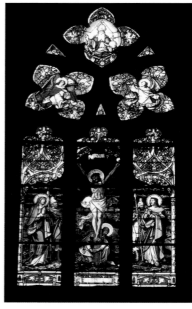

Cluj - vitraliu din biserica catolică „Sf. Mihail", construită între 1349 şi 1450

Cluj – stained glass in the catholic church of "St Michael", built between 1349-1450

Cluj - Palatul Bánffy (detaliu)

Cluj – Bánffy palace (detail)

Cluj - biserica ortodoxă (detaliu)

Cluj – orthodox church (detail)

Cluj - detaliu casă
Cluj – detail of a house

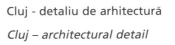

Cluj - clădire barocă
Cluj – Baroque building

Cluj - detaliu de arhitectură
Cluj – architectural detail

Cluj - biserica
Calvaria -
detaliu (dreapta)

*Cluj – detail
of Calvaria
church (right)*

Cluj -
detaliu casă
barocă

*Cluj – detail
of a Baroque
house*

Braşov – Biserica Neagră
(1385 – 1476)

Brasov – the Black Church
(1385 – 1476)

Braşov – Piaţa Sfatului şi Primăria

Brasov – Piata Sfatului and the City Hall

Braşov – biserică ortodoxă încadrată de clădiri laice

Brasov – orthodox church flanked by laic buildings

Târgu-Mureş – Palatul Culturii
(1911 - 1913).Detalii.

Targu-Mures – the Palace of
Culture (1911 - 1913). Details.

Timişoara - monumentul baroc şi
catedrala romano-catolică (1736-1773)

Timisoara - the Baroque monument and
the Roman-Catholic church (1736-1773)

Iaşi –
catedrala mitropolitană

*Iasi –
the bishopric cathedral*

Iaşi – Palatul culturii,
fostul Palat administrativ
(1906-1921), construit în
stil neogotic

*Iasi – the Palace of
Culture, former
Administrative palace
(1906-1921), built in
neo-gothic style*

96

Craiova – Muzeul de artă,
fostul Palat „Dinu Mihail"
(1899-1907)

Craiova – the Art Museum,
former "Dinu Mihail" Palace
(1899-1907)

Craiova - clădirea Universităţii

Craiova – University
building

97

Sibiu – casă barocă din piaţa
mică

*Sibiu – Baroque house in the
small square*

Sibiu – pasajul scărilor dinspre
Piaţa Aurarilor

*Sibiu – the stairway passage
from Piata Aurarilor*

Oradea - palatul „Vulturul Negru".
Pasaj cu vitralii.

Oradea – "Vulturul Negru" Palace.
Stained-glass passage.

Oradea - palatul „Vulturul Negru". Detalii.

Oradea – "Vulturul Negru" Palace. Details.

Lugoj - catedrala
ortodoxă (1759-
1766). Turnurile.

Lugoj - the
Orthodox Cathedral
(1759-1766) .
The towers.

Sighişoara – turnul cu
Sighisoara – the clock

Sighişoara – arta medievală ca sursă de inspiraţie

Sighisoara – medieval art as source of inspiration

Sighişoara – vedere de ansamblu

Sighisoara – general view

Sighişoara – străduţă din oraşul medieval

Sighisoara – narrow street in the medieval city

DELTA DUNĂRII ŞI LITORALUL MĂRII NEGRE

THE DANUBE DELTA AND THE BLACK SEA COAST

Delta Dunării este o vastă regiune de 679.000 hectare din care fac parte 103.000 hectare marine, situate în locul unde cele trei braţe principale ale Dunării – Chilia, Sulina şi Sfântu Gheorghe – se varsă în Marea Neagră. Parţial recunoscută ca rezervaţie naturală din 1938 şi declarată „rezervaţie a biosferei" în 1990, Delta asigură protecţia a 300 de specii de păsări, printre care cel mai răspândit este pelicanul, a peste 100 de specii de peşte şi a unei flore de tip tropical.

Delta Dunării poate fi parcursă cu vaporul de-a lungul celor trei braţe principale dar majoritatea canalelor, care fac legătura între lacuri, sunt accesibile cu barca, mai ales pentru pescarii autohtoni. Populaţia Deltei nu depăşeşte 6.000 de locuitori care trăiesc în sate înfiinţate pe grinduri.

Litoralul Mării Negre se întinde pe 245 kilometri, între braţul danubian Chilia şi graniţa cu Bulgaria. La sudul coastelor

The Danube Delta is a vast region of 679,000 hectares of which 103,000 hectares are marine, situated where the three main branches of the Danube – Chilia, Sulina and Sfantu Gheorghe – flow into the Black Sea. Partially recognized as natural preserve in 1938 and declared biosphere reservation in 1990, the delta ensures protection for 300 bird species, the most widespread being the pelican, for more than 100 fish species, and for a tropical type flora.

One can go through the Danube Delta by ship, following the three main branches. However, the majority of the channels linking the lakes can only be accessed by boat, especially by local fishermen. The Delta's population is less than 6,000 inhabitants who live in villages established on tops of bank ridges.

The Black Sea shore, 245 km long, extends from Chilia branch of the

nisipoase ale lacurilor lagunare Razim-Sinoe, 15 staţiuni balneare sunt concentrate pe o distanţă de aproximativ o sută de kilometri de-a lungul litoralului lin al Mării Negre. Expunerea plajelor la soare, datorată orientării spre est, este excepţională şi durează în medie 220 de zile pe an pentru o temperatură anuală medie de 11°C. În schimb, nebulozitatea şi ploile sunt reduse (375 mm/an). Vara, căldura (25°C, în medie) este temperată de o briză uşoară şi continuă, bogată în aerosoli.

în absenţa mareelor, plajele cu nisip fin nu sunt niciodată inundabile; ele avansează progresiv în mare, unde nu există peşti periculoşi. Vara, temperatura nisipului poate ajunge la 45°C iar temperatura medie a apei mării este de 20°C. Staţiunile Mării Negre sunt continuatoarele acelor oraşe portuare care făceau parte în Antichitate din „comunitatea celor cinci cetăţi pontice" (Tomis, Callatis, Histria, Dionysopolis şi Odessos) şi păstrează frumoase vestigii arheologice.

Danube to the Bulgarian border. South of the sandy shores of the lagoon lakes Razim – Sinoe, 15 spas and holiday resorts are concentrated on a distance of about 100 km along the gently-sloping shore of the Black Sea. Beaches' exposure to sun is exceptional due to their eastward orientation. There are about 220 sunny days a year, the average annual temperature is 11°C and nebulosity and rainfalls are small (375 mm/year). In summer, the heat (25°C on average) is moderated by a gentle continuous breeze, rich in aerosols. As there are no tides, the beaches of fine sand are never flooded; they advance progressively into the sea where no dangerous fish live. In summer, sand temperature can reach 45°C and the average temperature of seawater is 20°C. The Black Sea resorts are successors to those port towns that formed, in antiquity, the community of the five Pontus cities (Tomis, Callatis, Histria, Dionysopolis and Odessos) and they preserve beautiful archaeological

Nuferi pe un canal al Dunării

Water lilies on a Danube channel

Insula Sacalin – plauri la malul mării

Sacalin Island – floating reed islets by the sea shore

Peisaj din Deltă la vărsarea Dunării în mare

Delta landscape where the Danube meets the sea

106

Staţiunile de construcţie recentă sunt adaptate practicii sporturilor nautice şi de agrement, atât în mare, cât şi pe lacurile naturale sau artificiale, numeroase de-a lungul litoralului iar Eforie Nord, Eforie Sud şi Mangalia sunt cunoscute şi pentru tratamentele balneare şi specifice pe care le găzduiesc.

vestiges.
Newly built resorts provide for nautical and recreational sports practiced both in the sea and on the many natural or artificial lakes along the seashore. Eforie Nord, Eforie Sud and Mangalia are also known for bathing and specific health treatments they offer.

Pelicani în zbor
Flying pelicans

Apus de soare în Deltă
Sunset in the Delta

Ruinele cetăţii bizantine fortificate
Heracleea (secolul X-XI)

*Ruins of the Byzantine fortified
stronghold of Heracleea (10th-11thc.)*

Mangalia – geamia Asmahan Sultan
(1590)

*Mangalia – Asmahan Sultan mosque
(1590)*

Moară de vânt lângă Celic Dere

Wind mill near Celic Dere

Trestia – o prezenţă permanentă în Delta Dunării

The reed – a permanent presence in the Danube Delta

**Lagună lângă insula
Sacalin**, judeţul Tulcea

*Lagoon by the Sacalin
island*, *Tulcea county*

Pelicani

Pelicans   113

Locuinţă lipovenească

Lippovan dwelling

Pădure inundată pe un canal din Tulcea

Flooded forest on a channel in Tulcea

Barcă de pescuit lângă insula Sacalin

Fishing boat near Sacalin island

Lotci pe braţul Sf. Gheorghe

Fishing boats on Sf. Gheorghe channel

Muzeul de arheologie din Constanţa
şi statuia poetului latin Publius Ovidius Naso

*Archaeological Museum in Constanta and the
statue of the Latin poet Publius Ovidius Naso*

Geamia din Constanţa

The mosque in Constanta

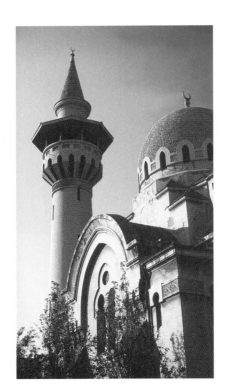

Constanţa – cazinoul

Constanta – the Casino

Mamaia – hotelul „Rex"
Mamaia – "Rex" hotel

Neptun – discoteca „Paparazzi"
Neptun – "Paparazzi" disco

Venus – hotelul „Dana"
Venus – "Dana" hotel

119

Plajă şi hoteluri
în staţiunea
Olimp

*Beach and
hotels in Olimp
resort*

Litoralul Mării
Negre la
Mamaia

*The Black Sea
Coast in
Mamaia*

MEMORY LANE

Happy Birthday
Charlie
from
your favourite
(and only)
guitarist.

Oh, You Beautiful Doll
SONG
WORDS BY
SEYMOUR BROWN
MUSIC BY
NAT D. AYER
5
JEROME H. REMICK & CO.
NEW · YORK · DETROIT

MEMORY LANE

1890 to 1925

Ragtime, Jazz,
Foxtrot and other
popular music and music covers
Selected by Max Wilk

STVDIOART

First published in Great Britain by
Studio International Publications Ltd.,
14 West Central Street, London WC1A 1JH

The publishers wish to acknowledge the considerable assistance of
M. Jean-Christophe Averty, dedicated afficianado and collector of American
music and records, without whose collection *Memory Lane* could not have
been compiled.

Reproduction of *Ta-Ra-Ra Boom-De-Ay!* is by kind permission of the
Mander and Mitcheson Theatre Collection

ISBN: 0 902063 13 8 paper
       0 902063 14 6 cloth

Printed in Great Britain by
W & J Mackay Limited, Chatham, Kent

Introduction

by Max Wilk

Pity our ancestors who lived out their simple lives six or seven decades ago. Six long days was their work week; travel beyond the end of town limits was expensive and inconvenient. Sunday was devoted to church and the major meal of the week. Not for them were the joys of daytime serials, or quiz shows, of Senate investigations, hard-core pornography, commercials selling beer and living girdles, no Lana Turner, no Liberace or Lone Ranger. They were truly a deprived generation.

But it is when we consider the contemporary pre-World War 1 musical scene that we are confronted with true primitivism. Imagine, if you can, an entire culture struggling through life bereft of such absolute necessities as hi-fi, stereo, diamond styli, tape-decks, waffle-speakers and long-play cassettes. Painful, isn't it?

How can we ever hope to experience the utter barrenness of a life-style that for its music depended upon such primitive devices as the banjo, or the upright piano – with the only accessory available being ten human fingers and two feet, with which to press the foot pedals? How curiously pathetic is the picture of all those simple folk of years ago, whiling away their precious leisure hours standing around that piano, trying to make communication with their fellow man and/or woman through the inadequate medium of the unamplified human voice. And what can one feel but compassion for the young blade who wished to serenade a young lady, and had for his basic equipment only his ardour, perhaps a ukelele, and a printed love ballad he'd purchased for ten cents at his local Woolworth's?

For it was that same ballad, that popular song – a unique form of lower-class lieder that was the primary form of culture of that era. Where did they originate? Usually from a section of Manhattan known as Tin Pan Alley. There, in tiny cubbyholes, various gents with various talents kept busy at their pianos, daily turning out melodies. With the assistance of facile rhymsters known as lyricists, these artisans churned out waltzes, one- and two-steps, ballads and humorous comment on current events. Their output was enormous; their work rather rigid in structure. The usual popular song consisted of a short verse, followed by thirty-two bars of music and lyrics.

Their latest effort committed to music paper, the hopeful song-

writers would hurry to the offices of various other men near by who had set themselves up in business (just as hopefully) as publishers. Should these entrepreneurs decide that the new ditty might have some popular appeal (and their guess was heavily loaded with conjecture) contracts were signed and a trifling sum known as an advance against royalties changed hands. Eventually the music and lyrics went to press, complete with a cover designed to catch the eye of the potential buyer; and in a matter of days, there began the process of making the song known to the public.

At best, this exploitation process was strictly hit or miss. To this day, nobody knows what sort of song will catch the public fancy and tickle its ear, or why it will remain engrained in our popular culture. There is not now, nor ever has been, a piece of music and lyrics that can be called, at the outset, a 'sure hit'…and the bankruptcy courts have over the years seen a steady parade of unfortunates who firmly believed they knew how to create one.

So then, in that primitive early era, lacking the wonders of electronic mass communications, how was a song publisher to test the waters? Mainly by hard work and ingenuity. His office staff consisted of energetic piano players, whose job it was to sit in cubicles and demonstrate the firm's latest wares to performers in search of material for their 'acts'. There was also a crew of nimble-witted, jovial 'pluggers', whose job it was to pursue the popular stars of the day, and to induce them, by fair means or foul, to introduce that new song, whether it be in a café, or in a long-vanished institution known as two-a-day vaudeville, or on the stages of the legitimate theatres. Should the star's rendition of the song induce even the barest response from his or her audience, it might only be a matter of days before word-of-mouth began. In his morning mail, the publisher would find orders for copies of the sheet music from local music stores. Girls in 5-and-10's sat at upright pianos in the music department and pounded out renditions of the song by the hour, and if the song eventually became a popular success, its commercial life would be a long and fruitful one.

There are certain truisms that emerged from this process. Very rarely was a good performer ever capable of making a success out of a truly bad song. And it is also a fact that the best piece of popular music and lyrics might languish for years, unheard, until it fell into the hands of the right performer.

Across the pages of this book flash the shades of many great stars of those days–Elsie Janis, Gaby Deslys, Fay Templeton, Sophie Tucker, George M Cohan, Bert Williams, Lew Dockstader, and others. All of them were, in their prime, identified with certain songs that they helped to introduce. But it is safe to say that over the years of the first half of the twentieth century, no single performer was ever as successful and identified with as many different songs, as that young man from Baltimore, the cantor's son who ran away from home to join a touring minstral show, Al Jolson. For years there was a saying in popular music circles–if Jolson couldn't make it into a hit, then nobody could.

Other civilizations have left their mark on cave walls, or in statuary or heroic monuments. Some have left behind chiselled odes on marble or passed on their wisdom through frescoes and decorated church altars. But the first half of our twentieth century will be best remembered by future generations because of its popular songs. And sociologists in

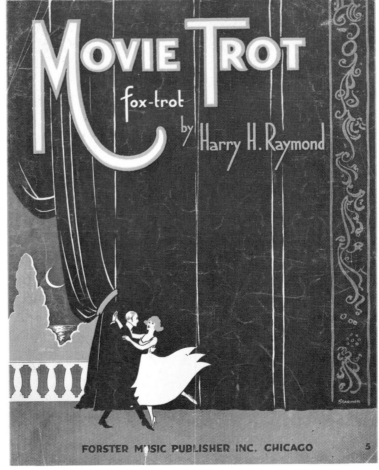

I · NEVER · SAW SUCH · JEALOUSY IN · ALL · MY · LIFE

WORDS BY ANDREW · B · STERLING

MUSIC · BY · HARRY · VON · TILZER

5

years to come should indeed write interesting PhD theses when they interpret the mores expressed in what was sung and played and strummed in bathtubs, front parlours and barrooms.

The universal subject matter of most of these songs was love. Love in an endless series of permutations, whether it be for a blushing young girl, for a sturdy-muscled father, for a gang of one's old friends, or (most importantly) for one's silver-haired mother. Love was pure; sex was never even hinted at. Marriage was as sturdy an institution as Fort Knox. Married love was celebrated among all the ethnic groups – the Italians, the Irish, the Jewish and the blacks – who in those days were familiarly referred to as the wops, the harps, the hebes and the coons. Love was the great leveler between caste and class. Most of the pressing emotional appeals of the day dealt not with one's politics, or the economy, but with one's girlfriend, the gain or loss of her sweet person. The girl was lovely, she was adorable, she was virtuous and ideal. She danced a lot, she dressed well, she smiled, and the most burning question one could lose sleep over was – if one were forced to leave her, would Miss X still be waiting upon one's return?

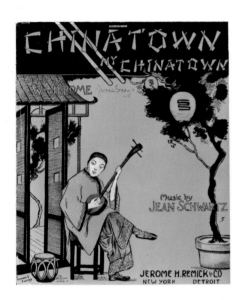

Whatever the subject, be it travel, fashion, food, real-estate, or even the latest dance craze – you can be sure that those callous-fingered Tin Pan Alley boys would find some way to tie it up with love. Even great technological advances – the wireless, the telephone, the gasoline engine – all were duly written and sung about, but always in terms of *l'amour*.

Love was born, sustained and cherished in a home. Said home was usually a rustic farmhouse, a vine-covered cottage, or some idealized tumbledown shack. The site of these places might be a rolling sweep of Indiana farmland, or an orange-grove in California, the plains of the Far West, or in 'Dixie'. Dixie can be defined as any piece of ground below the mythical Mason–Dixon Line, and its fields, which belonged to plantations, were inhabited always by jolly fieldhands who picked cotton for massah, laughed while they worked the live-long eleven-hour day until after supper, at which point whey could miraculously summon up sufficient energy to dance the cake-walk and sing the whole night long. Travel to see one's (hopefully) waiting sweetie in Dixie was accomplished by leaping aboard a fast flyer to Florida, or the midnight choo-choo to Alabam', or the 10.10 to Tennessee.

In the early 1900's, hundreds, nay thousands, of these simple ditties were written, published and sold to the populace, which brought them home, spread them out on the piano rack and cheerfully played and sang them to each other. But in the years that followed, Mr Thomas A Edison's invention of the talking-machine, with its cylinders that brought performers' voices into the parlour, began to chip away at the popularity of the published song. By the early 1920's, there appeared the radio; every home became equipped with its own crystal set. On a clear night, one could listen to other voices crooning – from as far away as Bridgeport! Soon, every consumer owned his own Atwater Kent super-heterodyne, and dust began to gather on the closed lid of the family Steinway. By the time 1928 was upon us, with the introduction of the talking-picture, the days of sheet-music had passed. Why should anyone try to compete with Al Jolson singing on a phonograph record, or from the silver screen? The professional performers had taken over.

Nowadays, such sheet music as is published is a mere token of the

songwriter's art. Most of it goes into libraries. In order to unearth the yellowing relics of those earlier years, one must search through piano benches, or local rummage-sales, or in Salvation Army warehouses, where such pages were long ago consigned.

This random assemblage of sheet music covers of that long-gone era is not only amusing and pleasant; it serves a sociological purpose. For does it not prove that we have all matured enormously? Instead of worrying about where Robinson Crusoe went with Friday, on Saturday night, we spend our days coping with overpopulation. We couldn't care less who paid the rent for Mrs Rip Van Winkle while her husband slept for forty years; we're far too busy with ecological balances and the pollution of our waters. Consider a naive era in which the only call to stir one's baser chauvinist nature was to point out that if one could fight like one could love, goodnight Germany...and try dropping that notion into the Middle East!

Yes–that early 20th century was a simple-minded time, and we should all be grateful that we have matured into sober, thoughtful, hypertense responsible citizens, only too aware of the problems of surviving on this planet in 1973...and prepared to deal with the potential terrors of tomorrow. Those simple folk of 1909 or so were more to be pitied than censured for their incredible naivete, right? Right on.

...but if that's so, then tell us, Father William, why is it that the simplistic, child-like pop-song world that is mirrored on the ensuing pages of *Memory Lane* seems so damned much more attractive than our own?

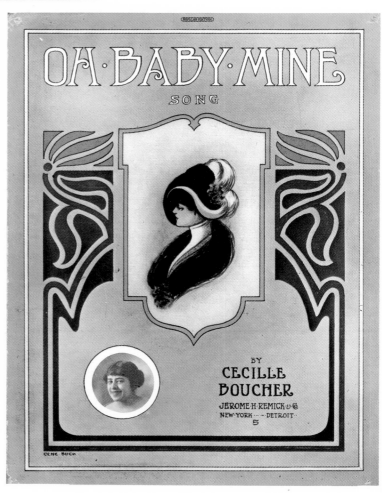

13

DUBLIN DAISIES

INTERMEZZO — TWO STEP

By Percy Wenrich
Composer of Rainbow

JEROME H. REMICK & CO. ⑤ DETROIT — NEW YORK

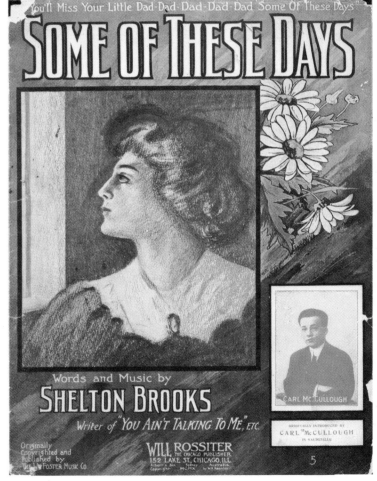

PEEK-A-BOO RAG

By CHAS. L. JOHNSON

F. J. A. FORSTER MUSIC PUBLISHER 529 So. Wabash Ave. Chicago.

I'd Rather Love What I Cannot Have
Than Have What I Cannot Love

Words and Music by Elsie Janis

JEROME H. REMICK & CO.   NEW YORK · DETROIT

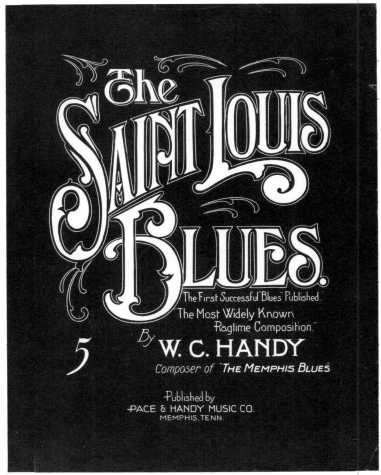

SUCCESSFULLY INTRODUCED BY
JACK NORWORTH

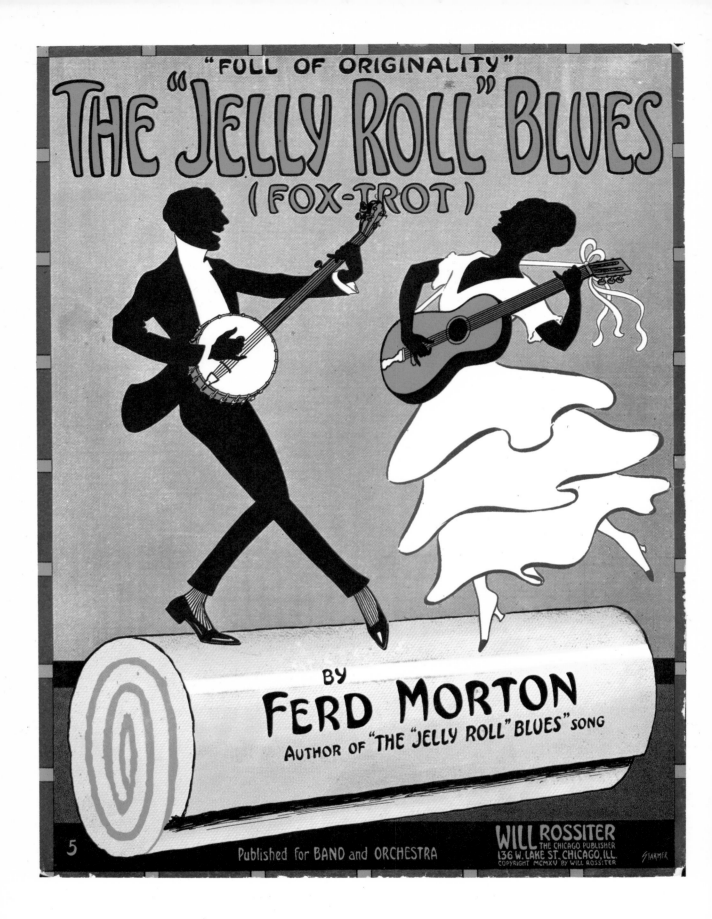

SHIM-ME-SHA-WABBLE
BY
SPENCER
WILLIAMS
NATWICK
ROGER GRAHAM
MUSIC — PUBLISHER
145 N. CLARK ST
CHICAGO

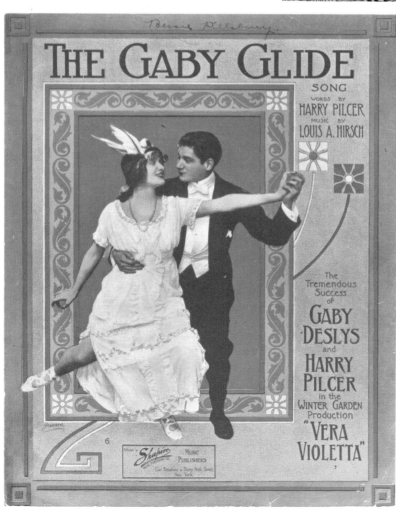

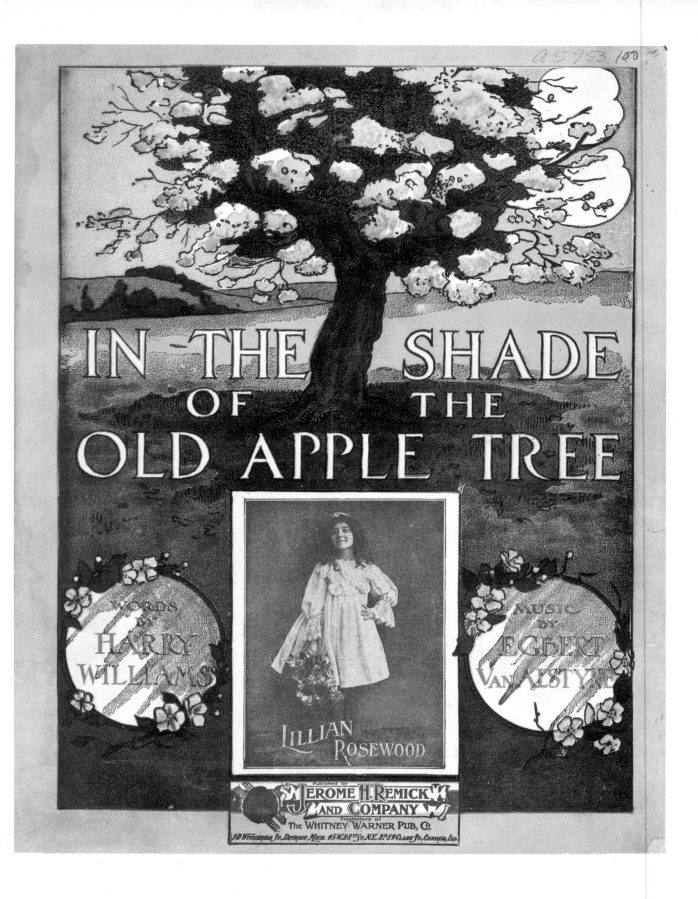

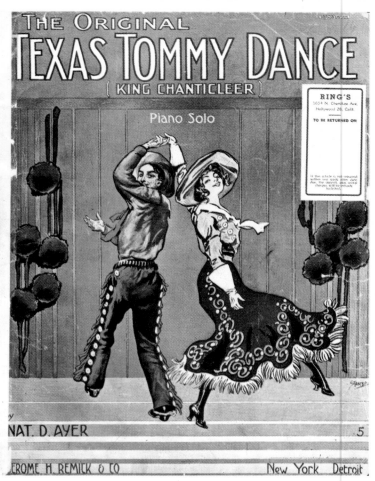

44

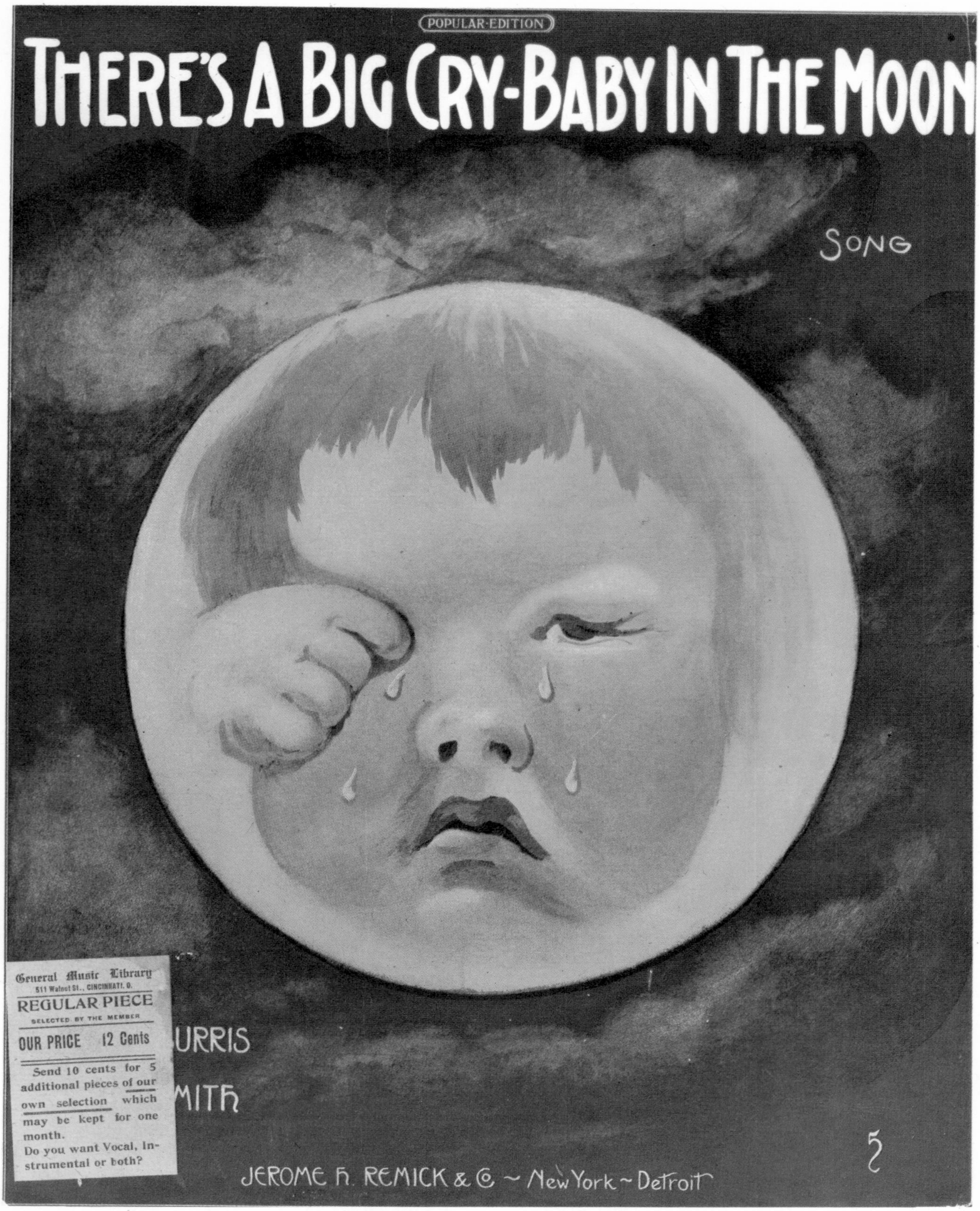
POPULAR-EDITION
THERE'S A BIG CRY-BABY IN THE MOON
SONG
General Music Library
511 Walnut St., CINCINNATI, O.
REGULAR PIECE
SELECTED BY THE MEMBER
OUR PRICE 12 Cents
Send 10 cents for 5 additional pieces of our own selection which may be kept for one month.
Do you want Vocal, Instrumental or both?
URRIS
MITH
5
JEROME H. REMICK & Co ~ New York ~ Detroit

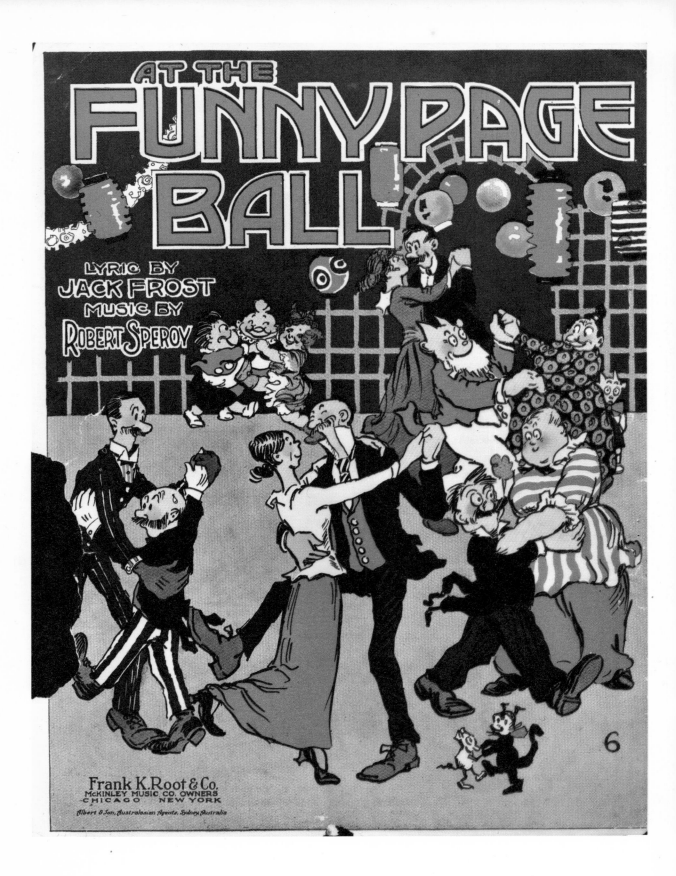

The Man That Broke The Bank at Monte Carlo

Comic Song

Written and Composed by

FRED. GILBERT.

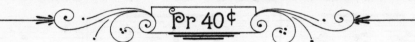

Pr 40¢

New York,
T. B. Harms & Co. 18 East 22ND Street.
London,
Francis, Day & Hunter, 195 Oxford Street.
Copyright 1891 by Francis, Day & Hunter.
PUBLISHERS OF SMALLWOOD'S CELEBRATED PIANO METHOD.

THE MAN WHO BROKE THE BANK AT MONTE CARLO.

Sung by Charles Coborn.

Written & Composed by

FRED GILBERT.

1. I've just got here, through Pa - ris, from the sun - ny south - ern shore; I to
2. I stay in - doors till af - ter lunch and then my dai - ly walk to the
3. I pat - ron - ized the ta - bles at the Mon - te Car - lo hell Till they

Monte Carlo went, just to raise my winter's rent; Dame
great Triumphal Arch is one grand triumphal march. Ob-
hadn't got a sou for a Christian or a Jew; So

Fortune smiled upon me as she'd never done be-
served by each observer with the keenness of a
I quickly went to Paris for the charms of mad'-

-fore, And I've now such lots of money I'm a gent_____
hawk, Im a mass of money, linen, silk, and starch_____
-moiselle, Who's the load-stone of my heart-what can I do_____

_____ Yes, I've now such lots of money, I'm a gent_____
_____ I'm a mass of money, linen, silk, and starch_____
When with twenty tongues she swears that she'll be true?_____

CHORUS *1st time p 2d f*

As I walk a long the *Bois Boo-long,* With an in - de - pendent air, You can

hear the girls de - clare "He must be a Mill-ion - aire"; You can.

hear them sigh, And wish to die, You can see them wink the oth - er eye At the

man who broke the Bank at Mon - te Car - - -lo lo

ff

M. Passow, Eng'r. N.Y.

Be sure and try this on your Piano.

NELLIE AND MAY, SISTERS WERE THEY.

Words and Music by JOHN T. KELLY

1. I will tell to you a sto - ry which the shades of life will show, How oft it's caused a si - lent tear to start;.......... 'Tis of two young sis - ters, Nell and May, who

Complete Copies at all Music Stores.

"THE FAVORITE"

A RAGTIME TWO-STEP

By SCOTT JOPLIN

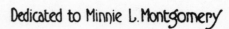

Dedicated to Minnie L. Montgomery

THE SYCAMORE

Published for
BAND.
ORCHESTRA.
MANDOLIN.
GUITAR. ETC.

WILL ROSSITER.
PUBLISHER
New York • Chicago.

Copyright MCMIV by WILL ROSSITER

"THE SYCAMORE"

A CONCERT RAG

By Scott Joplin

COUNTRY CLUB.

Ragtime Two Step

NOTE: Do not play this piece fast.
It is never right to play Ragtime fast.
Composer.

By SCOTT JOPLIN.
Composer of "Maple Leaf Rag," "Sugar Cane Rag"
and "Pineapple Rag."

5

TRY THIS ON YOUR PIANO.

Respectfully dedicated to the Five Musical Spillers.

"Pine Apple Rag"

NOTE: Do not play
this piece fast.
Composer.

By SCOTT JOPLIN
Composer of "Maple Leaf Rag," and "Sugar Cane Rag."

Copyright MCMVIII by Seminary Music Co. 112 W. 38th. St. N.Y.

For sale by all dealers.
——— NOW READY!!! ———
"PINEAPPLE RAG" VOCAL

THE CHRYSANTHEMUM.

An Afro-American Intermezzo.

By SCOTT JOPLIN.
Composer of "Maple Leaf Rag."

Slow March Tempo.

Chrysanthemum. 4. **9—4**

Chrysanthemum. 4. 9—4

Chrysanthemum. 4. **9—4**

TRY THIS ON YOUR PIANO.

Respectfully Dedicated to the C.V.B.A.

PARAGON RAG

NOTE. Do not play this piece fast.
It is never right to play Ragtime fast.
Composer.

By SCOTT JOPLIN,
Composer of "Maple Leaf Rag," "Sugar Cane Rag,"
"Wall Street Rag" and "Pineapple Rag."

Slow March Time

Copyright 1909 by Seminary Music Co. 112 W. 38th St. N.Y.

For sale by all dealers.

TA-RA-RA BOOM-DE-AY!

Sung by
Miss **LOTTIE COLLINS.**

The Original English Version, Written by
RICHARD MORTON.

Arranged by
ANGELO A. ASHER.

A smart and sty_lish girl you see, Belle of good so _ ci _ e _ ty;

Ta-ra-ra Boom-de-ay.

CHORUS.
Tempo di Marcia.

Ta_ra_ra Boom_de_ay, Ta_ra_ra Boom_de_ay, Ta_ra_ra

Boom_de_ay, Ta_ra_ra Boom_de_ay; Ta_ra_ra Boom_de_ay,

Ta_ra_ra Boom_de_ay, Ta_ra_ra Boom_de_ay, Ta_ra_ra

Boom_de_ay!

Ta-ra-ra Boom-de-ay.

Bill Bailey, Won't You Please---- Come Home?

Words & Music By

Hughie Cannon

Co-Author & Composer Of

"I Hate To Get Up Early In The Morn"
"Just Because She Made Dem Goo Goo Eyes"

5

SUCCESSFULLY SUNG BY
MISS EVA MUDGE

Published by
HOWLEY, HAVILAND & DRESSER
1260 1266 Broadway
NEW YORK

❧ SOME SWINGING ❧

CHORUSES

FOR SALE EVERYWHERE

Bill Bailey, Won't You Please Come Home?

Words and Music by HUGHIE CANNON.

line In her back yard,................ and weep - ing hard;................ She
squeal; "He's all a - lone,"................ I heard her groan;................ She

married a B. and O. brakeman, Dat took and throw'd her down, Beller-ing like a prune-fed calf, wid a
hol - lered thro' that door, "Bill Bai-ley, is you sore? Stop a minute; won't you listen to me? Won't

big gang hang - ing 'round; And to dat crowd,............ She yelled out loud:................
I see you no more?" Bill winked his eye,............ As he heard her cry:................

Bill Bailey, Won't You Please Come Home?   4 pp — 2d p.

CHORUS.

Won't you come home, Bill Bai - ley, won't you come home? She moans de

whole day long; .... I'll do de cook - ing, dar - ling,

I'll pay de rent; I knows I've done you wrong; ....

Bill Bailey, Won't You Please Come Home? 4 pp — 3d p.

'Mem-ber dat rain-y eve dat I drove you out, Wid noth-ing but a fine tooth comb?.......... I knows I'se to blame; well, ain't dat a shame? Bill Bai-ley, won't you please some home?......... home?...........

Geo. Beaverson, 35 Frankfort St.. N. Y.

❧❧ THIS IS THE CHORUS OF ❧❧
A LITTLE BOY IN BLUE
By BROWNE & MORSE

An instantaneous hit. The greatest success we have ever published. A song without an equal. Try this, then procure a complete copy—it's a gem.

A Little Boy In Blue. 3 pp—3d p.

Geo. Beaverson, 35 Frankfort St., N. Y.

FOR SALE AT ALL MUSIC STORES.

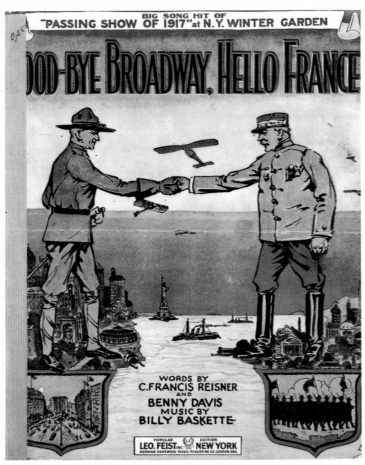

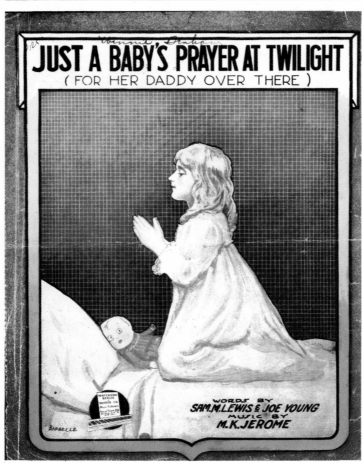

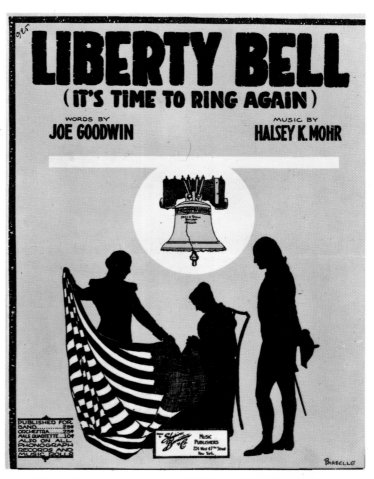

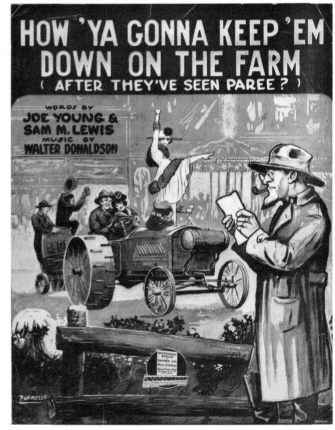

58

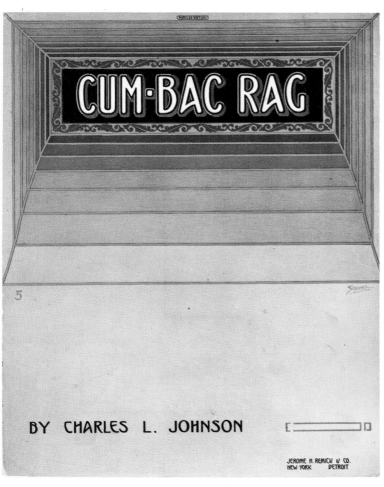

BY CHARLES L. JOHNSON

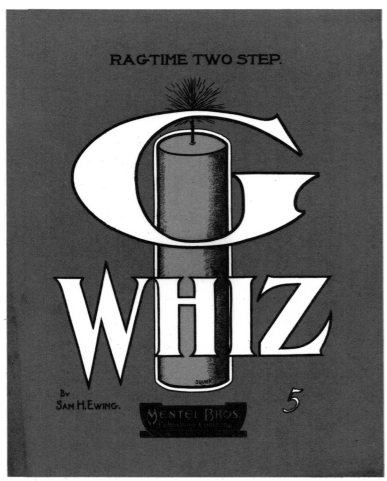

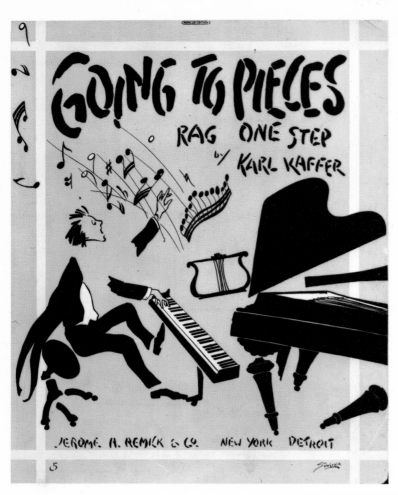

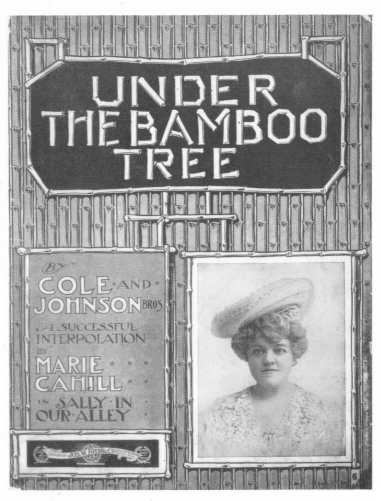

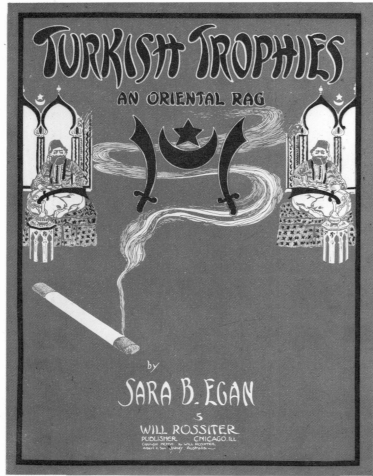

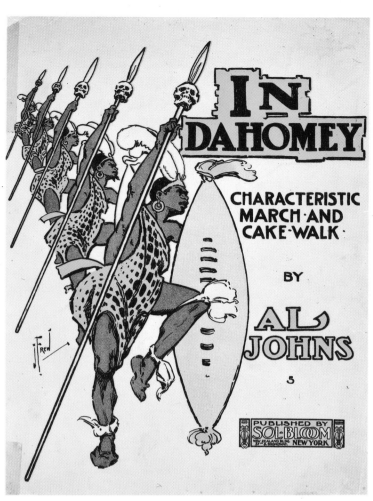

A NOVELTY BALLAD INTRODUCED BY EMMA CARUS
SIAM
Words by
HOWARD JOHNSON
Music by
FRED FISCHER
POPULAR EDITION
LEO. FEIST INC. NEW YORK
ASCHERBERG, HOPWOOD & CREW, LDT. LONDON ENGLAND

POPULAR·EDITION
MOVING DAY IN JUNGLE TOWN
SONG
WORDS BY A. SEYMOUR BROWN
MUSIC BY NAT D. AYER
5
STARMER
JEROME H. REMICK & CO.
NEW YORK - DETROIT

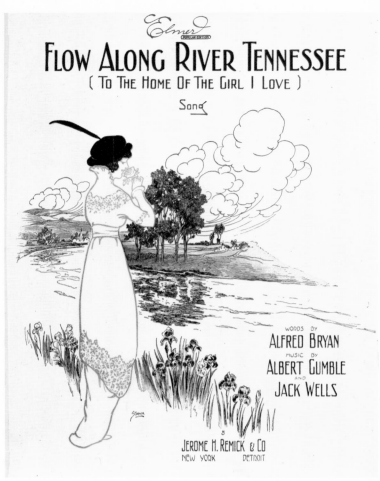

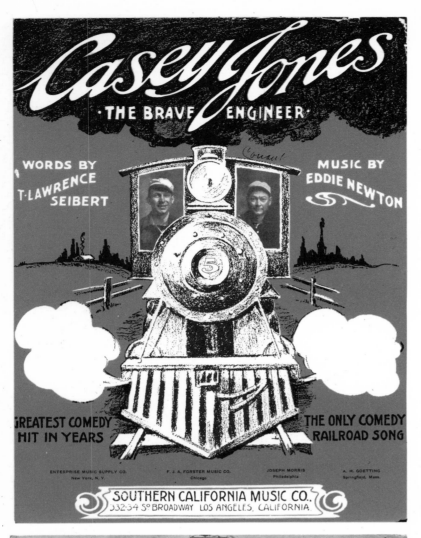
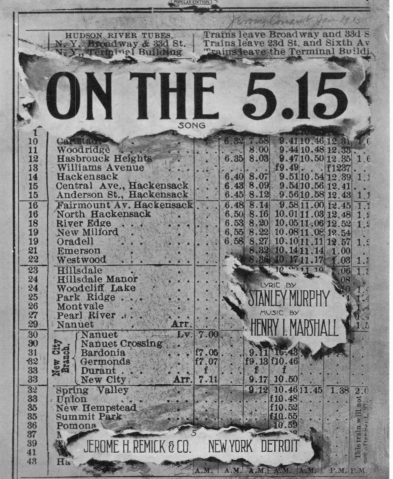

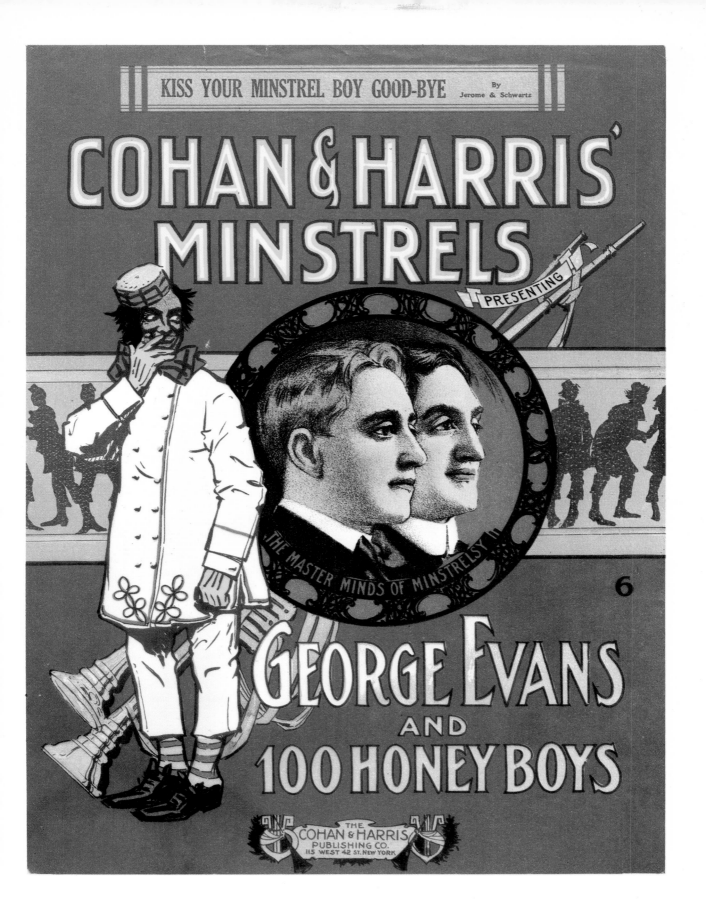

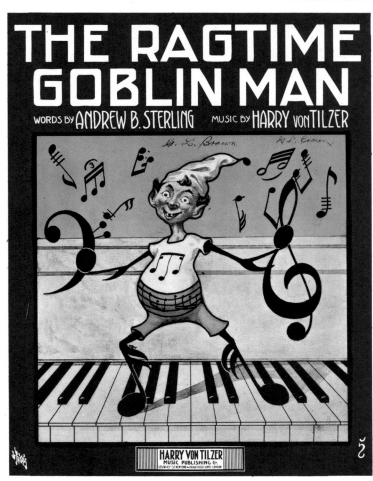

Inventory of covers